ALCIDES DOMINGUES LEITE JUNIOR

CAPITALISMO

Lafonte

Brasil · 2020

Título – O que é Capitalismo
Copyright © Editora Lafonte Ltda. 2020

Todos os direitos reservados.
Nenhuma parte deste livro pode ser reproduzida por quaisquer meios
existentes sem autorização por escrito dos editores e detentores dos direitos.

Direção Editorial **Ethel Santaella**
Organização e Revisão **Ciro Mioranza**
Diagramação **Demetrios Cardozo**
Imagem de capa **Art Furnace / Shutterstock**

Dados Internacionais de Catalogação na Publicação (CIP)
(Câmara Brasileira do Livro, SP, Brasil)

```
Leite Júnior, Alcides Domingues
   Capitalismo / Alcides Domingues Leite Júnior. --
São Paulo : Lafonte, 2020.

   Bibliografia.
   ISBN 978-65-5870-016-6

   1. Capitalismo 2. Capitalismo - História
I. Título.

20-44650                              CDD-330.12209
```

Índices para catálogo sistemático:

1. Capitalismo : História   330.12209

Cibele Maria Dias - Bibliotecária - CRB-8/9427

Editora Lafonte

Av. Prof ª Ida Kolb, 551, Casa Verde, CEP 02518-000, São Paulo-SP, Brasil
Tel.: (+55) 11 3855-2100, CEP 02518-000, São Paulo-SP, Brasil
Atendimento ao leitor (+55) 11 3855- 2216 / 11 – 3855 - 2213 – atendimento@editoralafonte.com.br
Venda de livros avulsos (+55) 11 3855- 2216 – vendas@editoralafonte.com.br
Venda de livros no atacado (+55) 11 3855-2275 – atacado@escala.com.br

Impressão e Acabamento
Gráfica Oceano

ÍNDICE

07	**Definição de capitalismo**
11	**Origens do capitalismo**
35	**A evolução do capitalismo**
35	A Revolução Industrial
38	Os Estados Unidos
55	Segunda Revolução Industrial
57	Principais teorias da administração
65	**Capitalismo nos séculos XX e XXI: crises e superação**
65	A Primeira Guerra Mundial
66	Queda do Império Russo
66	Crise de 29 keynes, o new deal e a segunda guerra mundial
76	Terceira Revolução Industrial
77	Primeira e segunda crise do petróleo
78	Queda da URSS e o neoliberalismo
79	Século XXI
87	**Capitalismo no Brasil**

OBSERVAÇÕES INICIAIS

Este pequeno livro busca, da forma mais sintética possível, apresentar a você, leitor, os fundamentos filosóficos do capitalismo, seu nascimento, seu desenvolvimento e a sua maturação.

Durante o texto, optamos por abordar com mais detalhes os pensamentos de Adam Smith, considerado o pai do capitalismo e de Joseph Schumpeter, considerado o melhor analista do motor desse sistema. Também nos detivemos mais na análise de Tocqueville sobre as características da formação dos Estados Unidos, considerado o melhor terreno para o florescimento do sistema capitalista.

Dessa forma, esperamos que todos aqueles que lerem este livro dissipem algumas dúvidas sobre esse sistema de produção, tão falado e tão pouco entendido, sobretudo na América Latina. Como o disse o economista brasileiro Roberto Campos, talvez com um pouco de exagero: "O liberalismo econômico assim como o capitalismo não fracassaram na América Latina. Apenas não deram o ar de sua graça." [1]

---

1 *Roberto Campos: Na virada do Milênio*, Editora Topbooks, 1999

1 DEFINIÇÃO DE CAPITALISMO

O termo capitalismo vem das palavras capital e capitalista. Capital é o recurso acumulado para investimento produtivo e capitalista é o empresário, dono desse capital. O capitalismo não é uma filosofia econômica, nem uma filosofia social. Não é uma ideologia, nem qualquer categoria de pensamento. É apenas e tão somente um sistema de produção baseado no direito à propriedade privada dos meios de produção, na livre iniciativa empreendedora, na abertura do comércio mundial e na livre formação de preços do mercado. Reunindo essas condições é que o sociólogo alemão Max Webber, no seu livro *A ética protestante e o espírito do capitalismo* [2] diz que o capitalismo é definido pela existência de empresas cujo objetivo é produzir o maior lucro possível, e cujo meio é a organização racional do trabalho e da produção. E completa afirmando que é a união do desejo de lucro e da disciplina racional que constitui historicamente o traço singular do capitalismo ocidental.

---

2 *A ética protestante e o espírito do capitalismo:* Max Webber – editora Edipro

Dada sua definição, não podemos atribuir ao capitalismo uma intenção pré-determinada de valor moral. É fato que o sistema capitalista tenha, ao longo de sua história, gerado muita riqueza e progresso econômico e também, pelo menos por algum tempo, gerado miséria e injustiça social. Mas nenhum desses resultados partiu de um princípio intencional.

O capitalismo, por analogia, pode ser comparado a um mecanismo que, se bem utilizado, traz grandes benefícios à sociedade. Mas se mal utilizado, pode trazer grandes prejuízos. Um automóvel potente, por exemplo, é muito útil, mas pode causar acidentes. No entanto, se o acidente for causado pela imprudência do motorista ou pelas más condições da pista, não se pode culpar o carro por isso.

Assim como o sistema de transporte deve ser regulado por uma autoridade competente, o sistema capitalista deve ser regulado pelo Estado. Mas essa regulação não pode destruir o que ela pretende regular. Se determinarmos que todo automóvel não pode circular acima de 40 km por hora, então não haveria necessidade do desenvolvimento de um carro potente.

Para o bom funcionamento do sistema capitalista, há a necessidade de um poder superior que garanta as condições para esse bom funcionamento. Condições estas contidas na própria definição do capitalismo, exposta no primeiro parágrafo. Em cada país, em cada época, dependendo do estágio de desenvolvimento, essas condições podem variar.

O capitalismo tem, por natureza, um instinto predador. Schumpeter, um dos maiores economista da história, dizia que o capitalismo é um mecanismo de destruição criadora. Isto é, um sistema que gera continuamente inovações. Inovações estas que tornam obsoletas as tecnologias anteriores. Dessa forma, alguns setores vão ser beneficiados pela inovação e outros serão destruídos. A sociedade, no entanto, em geral sai ganhando, pois consegue contar com bens e serviços melhores e mais baratos.

Como não podemos frear o trem da História, isto é, não podemos segurar os avanços tecnológicos que possibilitam melhores condições de vida a todos, e sabendo que esses avanços trazem problemas para uma parcela da população, o Estado deve desenvolver mecanismos de proteção social às vítimas do processo, mas com a condição de oferecer meios de capacitação àqueles que têm possibilidades de ser recolocados no mercado. Os recursos para isso devem vir dos ganhos que os vencedores conseguiram com a mudança ocorrida. Mas nem o auxílio deve levar à acomodação, nem os tributos devem desestimular os avanços.

É evidente que, aquilo que foi dito até agora é muito fácil de falar, mas difícil de fazer. A realidade é complexa e, para problemas complexos, não há soluções simples. Nesses casos, as soluções simples serão tão simples como erradas. Porém, se não tivermos clareza de ideias, não conseguiremos alcançar as soluções. As soluções são complexas, mas as ideias devem ser claras. Para contribuir com esse propósito é que apresento ao leitor este pequeno livro. Espero que ele ajude a esclarecer suas dúvidas.

2 ORIGENS DO CAPITALISMO

O capitalismo tem suas raízes na segunda metade da Idade Média, quando o sistema feudal foi, aos poucos, sendo substituído pela nova ordem mercantilista[3].

O sistema feudal era composto por inúmeras pequenas unidades autossustentáveis, formadas pelo senhor feudal e seus servos, como explica Paul Hugon no livro *História das doutrinas econômicas*: "A produção é quase que exclusivamente rural, e as trocas, insignificantes e na maioria das vezes familiais, jamais ultrapassando o quadro local; é à sombra do castelo senhorial que a vida econômica transcorre. Sofrível o estado dos meios materiais de troca: as grandiosas estradas romanas, mal conservadas, tornam-se logo intransitáveis. E rudimentares também são os meios de troca: a moeda é de mau quilate e de circulação restrita"[4].

Devido à insegurança reinante na época, praticamente não havia trocas comerciais entre essas unidades. Com

---

3 Mercantilismo: Sistema econômico que focado no aumento de reservas advindas do comércio.

4 Paul Hugon, *História das doutrinas econômicas*, Editora Atlas. São Paulo, 1984, página 45

o passar do tempo, a partir do século XII, os feudos foram se abrindo e, da necessidade de comércio entre eles, começou a surgir a classe social dos comerciantes. Estes, que serviam de intermediários entre diferentes produtores e consumidores, rapidamente passaram a acumular capital e a se enriquecer. Esse processo foi sendo ampliado, até o surgimento, ainda que incipiente, de estados-nações, no início da Idade Moderna.

Para guardar o dinheiro dos ricos comerciantes, surgiram os bancos. Estes passaram a emprestar recursos para os pequenos produtores empresariais. Desse modo, a economia começou a se expandir rapidamente. O capital acumulado pelos comerciantes serviu para financiar os estados nascentes em suas atividades internas e nas incursões externas que culminaram com a descoberta da América e do caminho para as Índias, através do contorno do Cabo da Boa Esperança, no sul da África. Países como a Espanha e Portugal passaram a acumular riquezas vindas de suas colônias de além-mar e outros, como a Holanda, vindas de suas atividades de transporte marítimo.

Nessa época, surgiram empresas de grande porte que foram as precursoras das atuais multinacionais. O exemplo mais marcante foi a empresa holandesa Companhia das Índias Ocidentais, que tinha o monopólio de grande parte do comércio marítimo. Também na Inglaterra surgiram grandes empresas comerciais, que serviram para financiar o império britânico.

Enquanto na Espanha, em Portugal e na França, o mercantilismo fortaleceu o poder central, na Inglaterra, local do surgimento dos primeiros pensadores liberais, como Hobbes e Locke, foi florescendo o poder de produtores locais e de seus representantes políticos. Em 1688, deu-se nas ilhas britânicas a Revolução Gloriosa, uma revolução pacífica que destituiu o monarca absolutista Jaime II e o substituiu pelo monarca parlamentarista Guilherme III. Dessa forma, o poder fora formalmente descentralizado.

Com uma base filosófica voltada para o poder do indivíduo, uma escola de pensadores econômicos e um governo descentralizado, a Inglaterra construiu as condições necessárias para o surgimento da Revolução Industrial e o florescimento do capitalismo.

Dada a importância do pensamento político e econômico liberal para o florescimento do capitalismo, convém analisar o próprio sistema filosófico liberal e em especial o trabalho de Adam Smith, que é considerado o pai fundador da ciência econômica.

O pensamento liberal é baseado na primazia do indivíduo em relação a todas as formas de organização coletiva. Para esse pensamento, todo poder nasce do indivíduo que, para melhor se organizar socialmente, delega parte desse poder para outras esferas coletivas. Assim, a família, o bairro, o distrito, a cidade, o estado, a nação, e todos os seus inerentes poderes, são delegações que os seus indivíduos concedem para o melhor funcionamento de suas vidas.

Dessa forma, somente aquilo que o indivíduo não possa fazer sozinho é que passa a ser feito na esfera familiar. Somente o que a família não pode fazer sozinha é que passa para a esfera seguinte, e assim por diante. Ao Estado cabem as tarefas que somente ele pode realizar. Todas as demais devem ser realizadas por entes inferiores da cadeia coletiva.

Os primeiros filósofos, pioneiros do pensamento liberal nas ilhas britânicas, foram Thomas Hobbes (1588-1679) e John Locke (1632-1704). Hobbes considerou que, para o estudo da ciência política, deve-se partir da observação do comportamento do indivíduo na vida em sociedade. É do comportamento individual, de seus desejos, valores e temperamentos, que podemos entender o arranjo político, e não o contrário. São os indivíduos que moldam a sociedade e não a sociedade que molda os indivíduos. Dessa forma, para entender o funcionamento da sociedade, precisamos estudar o comportamento dos indivíduos.

Hobbes observou que o ser humano é, antes de tudo, individualista e tem um grande anseio pela sua liberdade. Ele prioriza sua sobrevivência material e sua liberdade pessoal. Assim, o conjunto de todos os indivíduos busca organizar um sistema político que garanta esses objetivos primordiais. Uma vez que, sem um poder que esteja acima de cada um individualmente, não haveria acordo entre as pessoas e então cada um, lutando pelo seu bem-estar material e sua liberdade, entraria em atrito com outros que também buscariam as mesmas coisas. Para evitar uma guerra de todos contra todos, os próprios indivíduos foram percebendo que seria necessário criar um mecanismo que, pelo poder da força, impeça essa luta fratricida.

A esse mecanismo poderoso, Hobbes[5] deu o nome de Leviatã, tomando emprestada a figura de um monstro marinho citado no Antigo Testamento, como por exemplo, no Livro de Jó (capítulo 41), e no Livro de Isaías (capítulo 27). A Leviatã, o indivíduo, para levar sua vida da melhor maneira possível, cedia parte de seus direitos em troca da paz e da liberdade. Estabelecia-se então uma troca: os indivíduos cedem parte de seus direitos em troca da garantia de sua liberdade e bem-estar material. O Leviatã, para Hobbes, seria a figura do Estado, que executaria as funções da ordem e da justiça.

Locke, posteriormente a Hobbes, também desenvolveu sua teoria da construção do Estado. Locke[6] partiu de um pressuposto diferente daquele de Hobbes. Ele admitia que, no estado de natureza, nos primórdios da humanidade, os indivíduos viviam em paz e harmonia. Cada um retirava da natureza aquilo de que precisava para sobreviver e todo fruto do seu trabalho tornava-se propriedade sua. Havia uma identificação entre o trabalho e a propriedade individual. Assim, surgiu o conceito de propriedade privada. O pedaço de terra que era cultivado para sustento fami-

---

5 *O Leviatã:* Thomas Hobbes - Editora Martin Claret.

6 *Segundo tratado sobre o Governo Civil:* John Locke - Editora Edipro.

liar deveria ser propriedade dessa família. O direito à propriedade, no entanto, estava restrito ao fruto do trabalho de cada um, àquilo que é necessário para seu bem-estar.

Para garantir o direito de propriedade, necessário ao sustento dos indivíduos, Locke imaginou que esses mesmos indivíduos acabaram criando uma instituição superior que tivesse os poderes para isso. Assim como Hobbes, Locke parte da análise do indivíduo para chegar ao surgimento do Estado. Se para Hobbes, o Estado seria um poder necessário para evitar a luta de todos contra todos, para Locke, o Estado seria o garantidor dos interesses dos indivíduos. Para aquele, o poder do Estado deveria ser absoluto, para este, apenas o necessário.

Após Locke, surgiu um pensador que iria revolucionar todo o sistema de produção e de geração de riqueza no mundo. Se até então, a riqueza e o bem-estar dependia do acúmulo de recursos que provinham da natureza, a partir de Adam Smith, a geração de riqueza viria da produtividade do trabalho humano. O avanço do sistema de produção é que permitiria ao homem criar sua própria riqueza. Mais do que conseguir retirar da natureza tudo o pudesse, o fundamental seria criar riqueza, agregando valor à produção. Aí se estabeleceu uma mudança copernicana. O centro da geração de riqueza deixa de ser a natureza e sua exploração e passa a ser a inteligência humana e o seu desenvolvimento.

Adam Smith (1723-1790), filósofo social escocês, escreveu dois livros fundamentais. O primeiro, *Teoria dos senti-*

mentos morais[7], explicava como o ser humano desenvolve seus valores morais. Como o homem chega à conclusão do que é certo e do que é errado. É um livro que serve como um manual de funcionamento do indivíduo. O segundo livro, *Uma investigação sobre a natureza e causas da riquezas das Nações*, ou simplesmente, *A riqueza das Nações*[8], explica como as pessoas e os países podem evoluir materialmente.

Smith havia planejado escrever um terceiro livro abordando o arranjo político-institucional necessário para permitir aos indivíduos (cuja ordem de valores foi descrita no primeiro livro) gerar o máximo de riqueza (cujo mecanismo foi descrito no segundo livro), mantendo uma vida social harmônica, com justiça e liberdade. Esse terceiro livro não foi escrito. Smith morreu antes de concluí-lo.

Adam Smith, considerado por muitos como o pai fundador da ciência econômica, era um pensador profundamente realista. Ele, na sua obra mais conhecida, *A Riqueza das Nações*, parte da observação do comportamento dos agentes econômicos para formular sua teoria. Ele verificou que a divisão e a especialização do trabalho aumentava imensamente a produtividade do trabalhador. Enquanto um operário, dizia ele nesse livro, trabalhando sozinho seria capaz de produzir pouco mais do que um alfinete por dia e, portanto, dez trabalhadores produziriam cerca de

---

7 *Teoria dos sentimentos morais:* Adam Smith. WMF Martins Fontes; Edição: 2 (14 de dezembro de 2015)

8 *A riqueza das Nações:* Adam Smith. WMF Martins Fontes; Edição: 3 (15 de agosto de 2016)

dez alfinetes diários, se o processo de fabricação fosse fracionado em partes, cabendo a cada um realizar uma parte do mesmo, a produção dos dez trabalhadores seria multiplicada em mais de mil vezes.

Não bastando vislumbrar os grandes avanços trazidos pela divisão das tarefas produtivas, Smith também nos lembra de que essa técnica permite a racionalização, mecanização e especialização do trabalho, que garantem melhor qualidade dos produtos e diminuição do custo de fabricação. Vejamos as palavras dele, expostas no citado livro: "O grande aumento da quantidade de trabalho que, em consequência da divisão do trabalho, o mesmo número de pessoas é capaz de executar, deve-se a três circunstâncias: primeira, ao aumento de destreza em cada operário; segunda, à economia de tempo que é comumente perdido ao passar de uma espécie de trabalho para outra; finalmente, à invenção de grande número de máquinas, que facilitam e abreviam o trabalho e permitem a um homem fazer o trabalho de muitos" (*Riqueza das Nações*, a partir daqui chamado de RN, livro I, capítulo 1). Todo esse processo traz grande aumento de produtividade.

O aumento da produtividade gera vantagem para todos os extratos da sociedade, do mais rico ao mais pobre, segundo texto do autor: "É a grande multiplicação da produção de todas as diferentes técnicas, em consequência da divisão do trabalho, que ocasiona, numa sociedade bem governada, aquela opulência universal que se estende às classes mais baixas do povo. Todo operário tem uma grande quantidade de seu próprio trabalho disponível, além de suas necessidades, e todo outro operário, estando exatamente na mesma situação, fica capacitado a trocar grande quantidade de seus próprios bens por uma grande quantidade, ou o que dá no mesmo, pelo preço de uma grande quantidade dos bens dos outros. Fornece-lhes abundantemente o que eles precisam, e estes o abastecem com o que precisar, e uma abundância geral difunde-se por todas as classes sociais. Sem a assistência e a cooperação de muitos, a mais simples pessoa num país civilizado não poderia ser dotada nem mesmo de acordo com o que falsamente imaginamos da maneira mais fácil e simples pela qual comumente está acomodada. Comparada, de fato, com o mais extravagante luxo dos grandes, sua acomodação sem dúvida deve parecer muito simples e, ainda assim, pode ser verdade que as acomodações de um príncipe europeu nem sempre excedam tanto a de um frugal e industrioso camponês quanto a acomodação deste excede a de muito rei africano, mestre absoluto das vidas e da liberdade de dez mil selvagens nus" (RN livro I, capítulo 1).

As vantagens apresentadas pelo texto acima, permite que os extratos mais pobres da população passem a ter acesso a bens de consumo que de outra forma não seria possível. Assim, com a divisão do trabalho, num país bem governado, a diferença do nível de vida dos mais pobres em relação aos mais ricos pode crescer, mas, ainda que isso ocorra, a qualidade de vida dos mais pobres será muito maior do que anteriormente.

Também no texto acima, verificamos que Smith não é ingênuo a ponto de acreditar que bastaria implantar a divisão do trabalho para que a qualidade de vida dos mais pobres melhorasse de forma automática. Além dos avanços técnicos, se faz necessário que a população conte com um governo correto e eficiente. O avanço técnico torna-se mais eficaz quando conjugado a uma boa governança.

No mesmo livro, Smith diz que a divisão do trabalho não é uma descoberta de uma pessoa iluminada, mas consequência natural da propensão humana ao comércio. Propensão que é exclusiva do ser humano, como explica o texto: "Ninguém jamais viu um cão fazer uma troca justa e deliberada de um osso por outro, com outro cão. Ninguém jamais viu um animal, por seus gestos e gritos naturais, dizer a outro: isto é meu, aquilo, seu; estou querendo trocar isto por aquilo" (RN livro I, capítulo 2).

É essa propensão ao comércio que permite a uma pessoa ter acesso aos bens produzidos por outra, evitando que cada um tivesse que produzir tudo aquilo que consome. Assim, o comércio tornou-se comum em todas as nações. Os produtores precisam vender seus produtos para conseguir comprar outros produtos que ele não produz. A renda advinda da venda dos produtos é que estimula o produtor em seu trabalho de produzir. É ela que estimula a expansão da oferta e a própria divisão do trabalho. Referindo-se a essa situação Smith afirma: "Não é da benevolência do açougueiro, cervejeiro, ou padeiro, que esperamos nosso jantar, mas de sua preocupação por seu próprio interesse. Dirigimo-nos, não à sua humanidade, mas ao seu amor-próprio, e nunca lhes falamos de nossas necessidades, mas das vantagens deles". (...) "Como é por acordo, barganha ou compra que obtemos uns dos outros a maior parte daqueles mútuos bons ofícios de que carecemos, assim é esta mesma disposição comercial que originalmente dá ocasião à divisão do trabalho" (RN livro I, capítulo 2).

A divisão do trabalho, que é consequência da propensão natural do ser humano ao comércio, depende, para o seu desenvolvimento, da extensão do mercado. Quanto maior for o número de pessoas que produz e consome, maior será o estímulo para o aperfeiçoamento das técnicas produtivas. Por isso, Smith diz: "Quando o mercado é muito pequeno, ninguém pode ter nenhum encorajamento para dedicar-se inteiramente a um emprego, por falta de poder de trocar todo o excesso do produto de seu próprio trabalho, que está muito acima de seu próprio consumo, pela correspondente do trabalho dos outros homens, conforme necessitar. Nas casas isoladas e vilarejos espalhados numa região deserta, assim como nas montanhas escocesas, todo lavrador deve ser açougueiro, padeiro ou cervejeiro de sua própria família" (RN livro I, capítulo 3).

Mais à frente, o autor passa a explicar a evolução dos sistemas comerciais e o surgimento da moeda como objeto de troca e reserva de valor. Começando a falar sobre o uso primitivo de determinados materiais como moeda comercial, como o sal, a concha, o bacalhau seco, o tabaco e as peles, Smith chega ao metal. Porém, embora superior aos demais materiais primitivos, o metal, no seu estado bruto, também tem seus inconvenientes para ser utilizado como moeda de troca; e assim surgiu a moeda cunhada.

Outro importante conceito econômico presente no livro *A riqueza das Nações* é o conceito de preço real e preço nominal das mercadorias. O preço real é o resultado dos custos necessários para a fabricação do produto, sobretudo o custo do trabalho dos operários. O preço nominal é aquele pelo qual a mercadoria é comercializada. O proprietário vende a mercadoria por um preço superior ao custo de produção, o mesmo preço pelo qual o consumidor a compra. Tanto o vendedor da mercadoria, como o consumidor da mesma, acabam negociando a mercadoria e de certa forma consumindo parte do trabalho daqueles que se dedicaram a fabricar a mercadoria. Essa diferença entre o que o trabalhador adquire do esforço do seu trabalho e o seu patrão adquire e o consumidor usufrui, serviu de base para o que mais tarde Karl Marx (1818-1883) viria a chamar de mais-valia. Marx notou: "Nós vemos um grande avanço feito por Adam Smith em relação aos fisiocratas[9] na análise da mais-valia e, portanto, do capital. No ponto de vista dos

---

9 Fisiocratas formaram na França a primeira escola econômica. Tem como base a produção agrícola.

fisiocratas, havia somente um tipo definido de trabalho – o trabalho na agricultura – que cria mais-valia... Mas para Adam Smith, é o trabalho social geral – não importando com que valores de uso ele se manifesta – a mera quantidade de trabalho necessário, é que cria valor. A mais-valia, quer quando ela assume a forma de lucro, aluguel ou a forma secundária de juros, não é nada a não ser uma parte desse trabalho, que é apropriada pelos donos das condições materiais de produção em troca do trabalho vivo". [10]

Smith, nesse livro, também explica a famosa lei da oferta e da procura. Quando a quantidade de uma mercadoria colocada no mercado é inferior à demanda efetiva, haverá uma concorrência entre os pretendentes e, em consequência, o preço de mercado subirá, na proporção em que o grau de escassez da mercadoria ou a avidez do consumo aumentar. Quando ela ultrapassar a demanda efetiva, uma parte é vendida àqueles que só aceitam pagar menos, e o preço que pagam pela mercadoria reduz o preço natural, na proporção em que o excedente estimular a concorrência entre os vendedores. Quando ela coincide com a demanda efetiva, o preço de mercado coincidirá com o preço natural.

O preço natural, então, é o preço central ao redor do qual oscilam os preços de todas as mercadorias. Situações diversas podem, às vezes, mantê-los bastante acima dele e,

---

10 Karl Marx, *Teorias da mais-valia*. Editora Brasiliense.

noutras vezes, forçá-los para baixo. Mas, quaisquer que possam ser as condições que os impeçam de manter-se nesse centro de gravidade, constantemente tenderão para ele.

Em certas circunstâncias, porém, o preço de mercado pode, por longo tempo permanecer acima do preço natural. Isso ocorre por meios artificiais, como o estabelecimento de monopólios de produção ou de comercialização.

Vimos que, em condições normais o preço de mercado gira em torno do preço natural; ocorre, no entanto, que o preço natural também oscila ao longo do tempo, sobretudo com a variação dos seus componentes, como salários, lucro e renda, e também de acordo com a as condições de progresso da sociedade.

Quanto à propriedade privada, Smith afirma que, no estágio original da humanidade, precedente à apropriação da terra e à acumulação do capital, todo o produto do trabalho pertence ao próprio trabalhador, uma vez que ele não tinha patrão com quem dividi-lo. Mais à frente, o estado original foi modificado naturalmente. Surgiu a apropriação da terra e a acumulação do capital. Assim, o autor não entra no mérito sobre a adequação ou não da propriedade privada, mas apenas considera que ela surgiu em decorrência da própria evolução natural das coisas. Diz Smith sobre o assunto: "Mas esse estado original de coisas, em que o trabalhador usufruía de todo o produto de seu próprio trabalho, não poderia sobreviver à primeira introdução da apropriação da terra e à acumulação do capital.

Terminou, portanto, muito antes que os aperfeiçoamentos mais consideráveis fossem feitos nas forças produtivas do trabalho, e não teria propósito examinar mais ainda o que poderiam ter sido seus efeitos na recompensa, ou ganho do trabalho". (RN livro I, capítulo 8).

Vemos então que, para Smith, o surgimento da propriedade privada é um dado, uma espécie de postulado sobre o qual não cabe discordar, ou mesmo, tentar abolir. Mas, mesmo admitindo o postulado da propriedade privada, Smith não deixa de defender a necessidade moral e econômica de garantir as condições dignas de trabalho e renda àqueles que não detêm a propriedade sobre os meios de produção. Sobre a melhora das condições dos trabalhadores Smith diz: "O que melhora as circunstâncias da maioria, nunca pode ser visto como inconveniência para o todo. Nenhuma sociedade pode, seguramente, estar florescendo e feliz, na qual a maioria de seus membros está infeliz e miserável." (RN livro I, capítulo 8)

Outro conceito colocado por Smith é o de trabalho produtivo e trabalho improdutivo, ou seja, daquele que acresce valor ao produto e aquele que não produz tal efeito. Assim ele explica: "o trabalho de um manufatureiro acrescenta, geralmente, ao valor dos materiais que ele trabalha, o de sua própria manutenção, e o lucro de seu patrão. O trabalho de um serviçal, pelo contrário, acresce o valor de nada. Se bem que o manufatureiro tenha seu salário adiantado pelo patrão, ele não custa nada ao patrão, o valor de seus salários sendo geralmente restaurados, com o lucro, no valor aumentado do objeto a que se aplicou o trabalho. Mas a manutenção de um serviçal nunca é restaurada. Um homem enriquece empregando uma multidão de operários; e fica pobre mantendo uma multidão de serviçais. O trabalho destes, porém, tem o seu valor, e merece sua recompensa tanto quanto os outros. Mas o trabalho do manufatureiro fixa-se e realiza-se em algum objeto em particular ou mercadoria vendável, que perdura ao menos algum tempo depois de passado o trabalho" (RN livro II, capítulo 3).

Adiante, Smith introduz a importância da poupança e do investimento como molas propulsoras do desenvolvimento de uma nação. O autor mostra que, assim como o capital individual só pode aumentar pelo que economiza de sua renda anual, o capital de uma nação só pode ser aumentado da mesma maneira. A poupança, e o investimento dela advindo, permitem aumentar a capacidade produtiva do país e acrescentam valor adicional ao seu produto anual. Tanto a poupança, como o consumo, movem a economia, mas a poupança, quando investida em aumento da capacidade produtiva do país, gera um efeito duplo sobre o mercado. Além de movimentar a economia com seus gastos, expande a economia da nação.

Adam Smith foi um forte crítico do mercantilismo[11], sobretudo em relação às restrições comerciais. Para ele, ao

---

11 Mercantilismo: Sistema econômico focado no aumento de reservas advindas do comércio.

restringir as importações por meio de altas taxas ou mesmo proibição, cria-se um monopólio para as empresas nacionais, e isso acaba distorcendo toda a lógica produtiva do país. Em suas palavras, conceder esse monopólio é "dirigir os particulares sobre a maneira de orientar seus capitais e, em quase todos os casos, é uma regulamentação inútil e danosa" (RN livro IV, capítulo 1).

Para exemplificar a natureza contraproducente dos monopólios, Smith fala da situação de uma família comum. Diz ele: "Todo chefe de família prudente nunca procura fazer em casa o que lhe custará mais fazer do que comprar. O alfaiate não procura fazer seus próprios sapatos, mas os comprará do sapateiro. O sapateiro não procura fazer suas próprias roupas, mas emprega um alfaiate. O lavrador não tenta fazer nem um nem outro, mas emprega aqueles diferentes artífices. Todos eles acham de seu interesse empregar toda sua indústria de um modo que tenham alguma vantagem sobre os vizinhos, e comprar com uma parte de seu produto, ou o que é o mesmo, com o preço de parte dele, o que quer que precisem. O que é prudência na conduta de uma família em particular, dificilmente seria insensatez na de um grande reino. Se um país estrangeiro pode fornecer-nos uma mercadoria mais barato do que nós poderíamos fazê-la, melhor comprá-la dele com uma parte do produto de nossa própria indústria empregada de uma maneira que nos dê vantagem". (RN livro IV, capítulo 1)

Mas, mesmo contrário às medidas protecionistas no

comércio internacional, Smith admitia seu uso em alguns casos particulares, taxando a importação quando é necessário desenvolver uma indústria que seja estratégica para a defesa do país e quando a indústria interna recebe taxações elevadas e não consegue competir com os concorrentes estrangeiros. Também poderiam ser adotadas medidas restritivas à importação em caso de retaliação, quando o parceiro comercial do país colocou barreiras à entrada de seus produtos. No caso de incentivos à exportação, justifica-se retirar os tributos incidentes sobre a produção desses produtos a serem exportados, pois dessa forma os tornam mais competitivos internacionalmente e garantem-se empregos no país. Esse sistema é melhor do que oferecer dinheiro ao exportador, que poderia usar esses recursos para outro fim que não o desenvolvimento de sua indústria exportadora.

Quanto ao papel do Estado, Smith diz que suas tarefas deveriam ser as seguintes: garantir a segurança da sociedade contra ameaças externas, proteger o cidadão da injustiça e opressão gerada por outro cidadão e administrar as atividades de interesse público que não seria de interesse da iniciativa privada fazê-lo.

A tarefa de defesa da sociedade, num país civilizado, deve ser destinada a uma força militar profissional. Essa força deve ser paga pela sociedade, através dos impostos, para que ela possa dedicar-se exclusivamente às suas obrigações, mesmo em tempo de paz.

A tarefa de administrar a justiça também deve ser custeada pela população. Essa atividade requer profissionais de carreira, qualificados e que, como os militares, tenham dedicação exclusiva ao seu trabalho. Dessa forma, Smith defende a total separação entre o poder executivo e o poder judiciário, opinião que podemos conferir neste trecho do livro "A separação do poder judiciário do executivo parece ter-se originado dos crescentes negócios da sociedade, em consequência de seu crescente progresso. A administração da justiça tornou-se um dever tão laborioso e complicado que passou a requerer a atenção indivisa das pessoas a quem era confiada. A pessoa a quem era confiado o poder executivo, não tendo tempo para atender por si mesmo a decisão de causas particulares, um deputado era apontado para decidi-las em seu lugar. Quando o poder judiciário está unido ao executivo, é bem pouco possível que frequentemente a justiça não seja sacrificada ao que é vulgarmente chamado política". (RN, livro V, capítulo 1, parte 2)

Quanto às obras de interesse público, terceira e última função específica do setor público, Smith afirma: "O terceiro e último dever do soberano ou comunidade é o de erigir e sustentar aquelas instituições públicas e obras públicas que, mesmo que sejam, no mais alto grau, vantajosas para uma grande sociedade, são, porém, de tal natureza que o lucro nunca poderia pagar a despesa a qualquer indivíduo, ou pequeno grupo de indivíduos, e assim não se pode esperar que qualquer indivíduo, ou pequeno grupo de indivíduos, a erija ou mantenha. O desempenho dessa tarefa requer também graus muito diferentes de despesa nos diferentes períodos da sociedade." (RN, livro V, capítulo 1, parte 3)

Referente aos investimentos do governo em infraestrutura, Smith já falava, há mais de 250 anos atrás, de conceitos de parceria público-privada, concessão de rodovias, agências reguladoras, dentre outros, que ainda hoje, em muitos países, a sociedade está discutindo. Sobre concessão o texto dizia: "Uma estrada, uma ponte, um canal navegável, por exemplo, na maioria dos casos podem ser feitos e mantidos por um pequeno pedágio sobre os carros que os utilizam. Essa taxa ou pedágio, apesar de ser adiantada pelo transportador, é finalmente paga pelo consumidor, que sempre deve arcar com o preço das mercadorias. Como a despesa de transporte, porém, é muito reduzida por meio de tais obras públicas, os artigos, apesar do pedágio, chegam mais baratos ao consumidor do que ocorreria de outra maneira; seu preço não sendo tão elevado pelo pedágio quanto é baixado pelo transporte. A pessoa que finalmente paga essa taxa, portanto, ganha pela aplicação mais do que perde pelo seu pagamento. Seu pagamento é exatamente na proporção de seu ganho. Na realidade não é mais que parte daquele ganho de que é obrigado a abrir mão para conseguir o resto. Parece impossível imaginar um método mais equitativo de levantar uma taxa". (RN, livro V, capítulo 1, parte 3)

Mas todo tipo de concessão de obras públicas requer um controle por parte do Estado. Então Smith fala da função regulatória do Estado em relação às atividades concedidas para a inciativa privada: "As taxas para a manutenção de uma estrada não podem, com segurança, ser feitas propriedade de particulares. (...) Os proprietários dos pedágios sobre uma estrada poderiam negligenciar totalmente o seu reparo e continuar a levantar praticamente os mesmos pedágios. É adequado que os pedágios para a manutenção de uma tal obra sejam colocados sob a administração de comissários" (RN, livro V, capítulo 1, parte 3).

No capítulo 2 do livro V, Smith passa a tratar dos tributos. Ele mostra que a receita privada dos indivíduos origina-se, em última instância, de três diferentes fontes: renda, lucro e salários. Todo tributo deve ser pago por uma ou outra dessas diferentes espécies de renda, ou de forma combinada entre elas. Antes, porém, de discorrer sobre as diferentes espécies de tributos que contribuem para o sustento da ação do estado, Smith apresenta as quatro premissas que ele coloca sobre a qualidade da tributação.

A primeira premissa diz que a tributação deve respeitar a capacidade contributiva de cada contribuinte. Ela deve incidir proporcionalmente sobre o rendimento que cada um desfruta, e sobre a observância dessa premissa é que repousa a natureza equitativa dos tributos. Todos devem pagar e cada um deve pagar segundo sua capacidade. De acordo com a segunda premissa, o imposto pago por cada indivíduo deve ser fixado por lei geral de forma não arbitrária. A data, a forma de recolhimento e o valor a pagar devem ser claros e evidentes para todos. A terceira premissa indica que todo imposto deve ser recolhido no momento e da maneira que forem mais convenientes para o contribuinte. Por fim, a quarta premissa diz que todo imposto deve ser planejado de tal modo que retire de cada contribuinte o mínimo possível de sua renda total.

Em relação à tributação sobre a renda, Smith mistura os conceitos de propriedade e renda propriamente dita. Nesse grupo de tributos ele inclui as contribuições relativas à propriedade da terra e das casas e a renda do capital. Em relação ao lucro, ele fala do lucro sobre o capital, ou seja, os juros cobrados sobre empréstimo do capital e sobre os lucros do comércio. Quanto à taxação sobre os salários, ele separa os trabalhadores em dois grupos, trabalhadores da iniciativa privada e servidores públicos.

O capítulo sobre tributos, além de descrever as diferentes formas de tributação, apresenta um histórico sobre o tema em diversos países da Europa. Esse capítulo serviu da base para futuros governos da Inglaterra, que aproveitaram os conceitos apresentados por Smith para implantar um sistema tributário mais eficiente.

De forma profética, Adam Smith conclui o capítulo mostrando a inconveniência para a Inglaterra em manter suas colônias ao redor do mundo. Ele defendia que, se a colônia não desse retorno econômico ao país, este deveria torná-la independente. Dizia isso antes da independência dos Estados Unidos e muito antes da independência da Índia, que só ocorreu na primeira metade do século XX, e das colônias na África, ocorridas na segunda metade desse século.

O que vimos nos parágrafos anteriores é uma simples amostra do conteúdo de "A riqueza das Nações", talvez o livro mais importante da história da economia e, ao mesmo tempo, um dos livros mais incompreendidos da história. Essa incompreensão, como vimos, não pode ser atribuída à falta de qualidade e clareza do texto, que se fosse criticado, o seria por excesso de clareza e não por sua falta. O texto que, por vezes, chega a ser prolixo, dado os inúmeros exemplos e analogias utilizadas pelo autor, é totalmente acessível a qualquer estudante universitário. A verdadeira causa da mencionada incompreensão foi a miopia, senão a cegueira, gerada pela disputa ideológica depois do surgimento do marxismo. Se o marxismo representava a defesa dos mais pobres e dos injustiçados, então o pensamento de Adam Smith necessariamente teria que representar o interesse dos exploradores poderosos. Houve períodos em que a simples menção do nome de Smith nas escolas de economia e filosofia gerava, em parte dos alunos, um sentimento de aversão e, em outros, um sentimento de desprezo. E o mais irônico é que os defensores do pensamento marxista afirmam-se favoráveis à forte presença do Estado na economia e acusavam Adam Smith de desprezar o papel do Estado no processo de desenvolvimento das nações. Irônico porque, em nenhum momento Smith falou da eliminação do Estado. Marx ao contrário, fez do fim do Estado o ponto de chegada da sua doutrina filosófica. Quem buscava o fim do Estado era cultuado como defensor da presença do Estado na economia e quem defendia a eficiência do Estado era tido como contrário a esse papel.

O reconhecimento da verdadeira amplitude e profundidade do trabalho de Smith é um fato recente, só começou a se manifestar após a queda do muro de Berlim e o fim da União Soviética, nos últimos anos da década de 1980, século passado. Nessa época, começaram a ser lançadas várias publicações com o material que os alunos de Smith tinham guardado e que pensadores da sua época tinham escrito. A série de publicações conhecida como *Glasgow Editions*, foi a primeira abordagem completa do trabalho de Smith. Isso só aconteceu duzentos anos após a morte desse grande pensador.

Se Hobbes e Locke abriram o caminho para a fundamentação filosófica do capitalismo, Adam Smith edificou toda a sua base econômica. Esses três foram os verdadeiros fundadores do capitalismo moderno, que permitiu o maior avanço socioeconômico que a humanidade jamais havia experimentado antes.

Após as considerações sobre a filosofia de Hobbes e de Locke e de forma mais detalhada, as contribuições de Adam Smith para a ciência econômica, passamos à história da evolução do capitalismo, começando pela Revolução Industrial, iniciada na Inglaterra e rapidamente espalhada pelos principais países do mundo.

3 A EVOLUÇÃO DO CAPITALISMO

A Revolução Industrial

A Revolução Industrial começou na Inglaterra no último quarto do século XVIII. Lá já havia passado um século desde que o poder político fora descentralizado. A classe social dos empreendedores já contava com grande liberdade de ação. A mentalidade liberal era hegemônica e reinava no país um clima relativamente pacífico e propício para os negócios.

Nessa época, ocorreram grandes transformações no sistema produtivo inglês. A invenção de mecanismos industriais permitiu o início da mecanização da produção e grande aumento da produtividade. Muitas mercadorias começaram a ser produzidas em fábricas e, com essa industrialização, podiam ser vendidas em grandes quantidades a preços reduzidos. Isso acabou destruindo grande parte dos produtores artesanais que, devido a seu precário método produtivo, não conseguiam competir com o nascente processo de industrial.

A própria mudança no processo produtivo levou muitos produtores artesanais a migrar para as grandes cidades para trabalhar nas fábricas. Assim, esse período foi marcado por uma enorme migração interna e uma crescente urbanização da população. O principal foco de atração era a cidade de Londres, que viu sua população passar rapidamente de menos de 1 milhão de habitantes para mais de 5 milhões num período de poucas décadas.

As principais invenções que permitiram o processo de concentração da produção foram as máquinas de fiação e de tecelagem, movidas por mecanismos hidráulicos, a substituição da lenha pelo carvão mineral, os novos processos de produção de ferro, o motor movido a vapor, as primeiras locomotivas e uma série de maquinários industriais.

A primeira máquina a vapor com viabilidade para ser usada no sistema produtivo industrial foi desenvolvida por James Watt (1736-1819), em 1777. Essa máquina foi resultado do aprimoramento de um projeto criado por Thomas Newcomen (1664-1729), cerca de 50 anos antes.

A viabilização da máquina a vapor, que permitiu o desenvolvimento da locomotiva a vapor e os novos processos de fabricação do ferro, permitiram a implantação de uma ampla malha ferroviária em toda a Inglaterra. Esse novo sistema de transporte reduziu imensamente o custo de movimentação de matérias primas e produtos manufaturados.

Nas primeiras décadas da Revolução Industrial, a situação social da maioria da população inglesa se deteriorou muito. Todos aqueles trabalhadores que viviam em pequenas cidades ou mesmo no campo e que tinham uma condição de vida precária, mas ainda assim suportável, tiveram que migrar para os grandes centros produtores e trabalhar nas fábricas. Os baixos salários, o excesso de jornada de trabalho, as péssimas condições de moradia e o ambiente insalubre das fábricas tornaram a vida dos trabalhadores praticamente insuportável. Nessa época, a mortalidade infantil aumentou consideravelmente e reduziu a expectativa de vida adulta.

Esses problemas sociais geraram revoltas e ameaça de desestabilização política na Inglaterra. Apareceram movimentos políticos contrários à industrialização da produção, como o movimento ludista, liderado por Ned Ludd, que com seus seguidores destruíam fábricas e seus equipamentos. Esse movimento, porém, não durou muito tempo.

Com o surgimento dos primeiros sindicatos dos trabalhadores, iniciou-se um forte movimento operário na Inglaterra. O principal ficou conhecido como cartismo. O nome vem de uma carta que um de seus líderes enviou ao Parlamento inglês reivindicando uma série de direitos para os trabalhadores. Embora não tenham conseguido alcançar todas as suas reivindicações, os cartistas contribuíram para a criação de leis que regulamentavam o trabalho nas indústrias.

Com receio de uma revolução operária e com as exigências legais, aos poucos, os industriais começaram a oferecer melhores condições de vida para seus operários. Esse processo, no entanto, duraria quase um século. Foi nesse período que o pensador Karl Marx desenvolveu sua teoria político-econômica. Baseado na dialética hegeliana, nas revoltas sociais ocorridas na França e na própria observação do desenvolvimento do capitalismo na Inglaterra, Marx previu que a concentração da riqueza nas mãos da burguesia industrial e o contínuo empobrecimento da classe operária levaria a uma revolução proletária que iria substituir o sistema capitalista.

Tal previsão de Marx não se concretizou. A própria característica de autopreservação do capitalismo, que procura corrigir suas debilidades, a fim de garantir sua sobrevivência, fez com que a classe proletária, aos poucos, fosse ascendendo economicamente, a ponto de formar uma grande classe média consumidora.

Com a consolidação da produção industrial, novas invenções de máquinas e equipamentos foram surgindo. As principais delas foram a invenção da energia elétrica, a fabricação do aço e a descoberta do petróleo como fonte de energia alternativa ao carvão. Estas inovações permitiram que o sistema produtivo industrial desse um salto qualitativo, a ponto de a maioria dos historiadores falarem de uma segunda Revolução Industrial, que se iniciou na segunda metade do século XIX.

As características da segunda Revolução Industrial serão vistas mais adiante, após uma análise do desenvolvimento dos Estados Unidos, país fundamental para essa nova etapa da economia mundial.

Os Estados Unidos

Embora os espanhóis tenham sido os primeiros europeus a ocupar a parte sul do atual território dos Estados Unidos, no início do século XVI, o fato fundador desse país veio da imigração britânica, algumas décadas depois. O território ocupado pelos espanhóis e também por franceses não faziam parte dos Estados Unidos até meados do século XIX, quando as regiões do Texas, Califórnia, Flórida e Louisiana foram incorporadas.

Os imigrantes britânicos se estabeleceram no norte da costa leste americana. Ali formaram diversas colônias, cada uma independente das demais. A Virginia, primeira delas, foi explorada pelo governo inglês para a atividade agrícola exportadora. Outras, mais ao norte, como Massachusetts, New Hampshire, Nova York, Connecticut, Maryland, Rhode Island e Pensilvânia, contaram com menos interferência da metrópole, uma vez que não tinham grandes atrativos a serem explorados.

As colônias que sofreram menos interferência foram justamente as que mais desenvolveram seu espírito de independência. Para seus habitantes, não havia mais interesse em manter o vínculo com a metrópole. Então, em 1765, elas se uniram para se separar do Reino Unido. Essa situação durou até 1776, quando as 13 colônias originais declararam sua independência.

A guerra de independência dessas colônias durou até 1783, quando o Reino Unido finalmente reconheceu que não poderia conter o movimento. Em 3 de setembro desse ano foi assinado o tratado de Paris, que oficializou a independência das colônias. A partir daí nasce os Estados Unidos da América do Norte. Em 1787, as treze colônias se reúnem e estabelecem uma Constituição comum. Em 1789, George

Washington foi eleito o primeiro presidente do novo país.

Logo no início do período pós-independência, surge um grande problema político que dividia o país. No norte, formado por pequenas propriedades, floresce o pequeno comércio e a manufatura. No sul, formado por grandes propriedades, o regime econômico era baseado no trabalho escravo e na agricultura exportadora. Estas diferenças levaram a que o norte atraísse muitos imigrantes e experimentasse um acelerado crescimento econômico. No sul, o sistema patriarcal dificultou a atração de imigrantes e gerou um crescimento econômico mais lento.

As distorções econômicas entre o sul e o norte se acirraram e acabaram gerando a Guerra Civil Americana, que durou de 1861 a 1865, e contou mais de 600 mil mortes. A Guerra foi vencida pelas tropas do norte e a escravidão foi abolida em todo o território americano.

O final da Guerra Civil unificou os Estados Unidos que, a partir de então, começou a se desenvolver rapidamente e a atrair grande número de imigrantes. Entre 1880 e 1920 mais de 30 milhões de pessoas chegaram ao país e sua população passou, nesse período, de 50 milhões, para mais de 100 milhões. No início do século XX, o país já era uma das maiores economias do mundo.

A fim de entendermos melhor as condições iniciais que levaram os Estados Unidos a se tornar uma grande nação, vale a pena conhecermos o trabalho do sociólogo e político francês Alexis de Tocqueville.

Alexis de Tocqueville (1805-1859) foi o primeiro pensador a estudar a fundo as características políticas, sociais e econômicas da sociedade americana. Em 1831, ainda jovem, ele viajou aos Estados Unidos para conhecer o sistema penal desse país. Durante nove meses, visitou 17 estados e dois territórios americanos, onde entrevistou inúmeras pessoas e entrou em contato com várias autoridades.

Com apenas 26 anos de idade, Tocqueville realizou uma das mais importantes análises sociológicas de todos os tempos. Uma verdadeira pesquisa de campo imersa em um ambiente novo e completamente diferente da realidade europeia da época. Como resultado dessa pesquisa, Tocqueville publicou, em 1835, seu livro *A Democracia na América*[12]. Em 1840, ele publicou uma segunda parte do livro.

No início do livro, após a breve apresentação dos aspectos geográficos dos Estados Unidos, Tocqueville descreve a origem dos anglo-americanos que, segundo ele, é outro importante diferencial daquele país. A origem histórica, que deixa marcas indeléveis nas gerações posteriores, pode muitas vezes ser turvada pela mesma história. A mistura de raças e culturas, fruto de constantes invasões e migrações ocorridas no continente europeu, dificulta a análise das influências originais sobre os hábitos e costumes do povo atual. Nos Estados Unidos, isso não ocorreu, pelo menos até a época da visita de Tocqueville. Ele próprio apresenta essa

---

12 *Democracia na América:* Alexis de Tocqueville. Editora Folha de São Paulo. 2010.

particularidade no seu livro. Assim nos diz: "A América é o único país onde se pôde assistir ao crescimento natural e tranquilo de uma sociedade e no qual foi possível distinguir precisamente a influência exercida pela origem sobre o futuro dos Estados" (*Democracia na América*, a partir daqui chamado de DA, livro I. primeira parte, cap. II)

A própria situação de imigração colocou os colonizadores em condições muito parecidas, pois aqueles que precisam emigrar são os que têm mais dificuldade de viver no seu país de origem. Essas dificuldades servem para igualar as pessoas, principalmente quando elas são vítimas de segregações típicas do sistema aristocrático.

A grande extensão territorial dos Estados Unidos permitiu que todos aqueles que lá chegavam pudessem ter sua própria terra. Todos puderam ser proprietários, um sonho que nunca seria realizado em seu país de origem. A profusão de pequenas propriedades também se deu graças à inexistência de condições climáticas e de solo na região nordeste dos Estados Unidos para instalação de latifúndios monoprodutores, ao contrário do ocorrido nos estados do sul e na América Latina.

As diferentes condições encontradas pelos imigrantes do nordeste e do sul dos Estados Unidos fizeram com que o modelo econômico, político e social desenvolvidos fossem bastante diferentes. A colonização do sul desenvolveu aspectos mais atrasados e a do norte, aspectos mais modernos, conforme relata Tocqueville: "A Virginia recebeu a primeira colônia inglesa. Os imigrantes lá chegaram em 1607. Nessa época, está ainda a Europa singularmente preocupada com a ideia de que as minas de ouro e prata constituem a riqueza dos povos: ideia funesta que mais empobreceu as nações europeias que a ela se entregaram e destruiu mais homens na América do que a guerra e todas as más leis no seu conjunto. Foram, pois, homens à procura de ouro que se enviaram à Virgínia; homens sem recursos e sem conduta, cujo espírito inquieto e turbulento perturbou a infância da colônia e tornaram incertos os seus progressos. Nenhum pensamento nobre, nenhuma combinação imaterial presidiu à fundação das novas colônias. Mal era criada esta, introduzia-se nela a escravidão; foi esse o fato capital, que deveria exercer uma influência imensa no caráter, nas leis e no futuro todo do Sul. (...) No norte, desenvolveram-se matizes inteiramente contrários. A fundação da Nova Inglaterra ofereceu um espetáculo novo; ali, tudo era singular e original. Os imigrantes que se foram estabelecer nas praias da Nova Inglaterra pertenciam todos às classes independentes da metrópole. A sua reunião em solo americano apresentou, desde o início, o fenômeno singular de uma sociedade na qual não se encontravam nem grandes senhores, nem povo, nem, por dizer assim, pobres ou ricos."(DA, livro I, primeira parte, cap. II)

A influência religiosa dos imigrantes foi outro fator importante para o desenvolvimento dos estados do nordeste americano. Os imigrantes, que se autodenominavam peregrinos, pertenciam à seita conhecida como puritana. Tocqueville mostra que o puritanismo não era apenas uma doutrina religiosa; "confundia-se ainda, em vários aspectos, com as teorias democráticas e republicanas mais absolutas. Por causa dessa tendência, tinha ganhado os seus mais perigosos adversários. Perseguidos pelo governo da mãe-pátria, ofendidos no rigor de seus princípios pela marcha quotidiana da sociedade em cujo seio viviam, os puritanos procuravam uma terra tão bárbara e tão abandonada pelo mundo que nela pudessem ainda viver à sua maneira e rezar a Deus em liberdade" (DA, livro I, primeira parte, cap. II). Marx Webber, ainda com mais profundidade, no já citado livro *A ética protestante e o espírito do capitalismo*, analisou as características da religião puritana, que segundo ele, deu uma base moral para o desenvolvimento do capitalismo nos Estados Unidos.

A liberdade política e religiosa e as condições materiais de prosperidade no novo país criaram a situação ideal para o desenvolvimento dos peregrinos ingleses, que na América fundaram uma nova pátria, a Nova Inglaterra, em contraposição à Velha Inglaterra que eles deixaram para trás.

As pequenas propriedades de caráter unifamiliar e o forte sentimento comunitário dos primeiros imigrantes também contribuíram para o desenvolvimento da cultura do poder local nos Estados Unidos, que cultivava a ideia de que tudo o que pode ser decidido pela comunidade local não deve ser decidido por instâncias superiores. Dessa forma, a comuna nasceu antes do condado, o condado antes dos estados, e os estados antes da União.

Em sequência, Tocqueville analisa a situação social dos americanos que, segundo ele, se sobressaia por ser eminentemente igualitária, condição observada desde o nascimento da colônia e ainda permanente na época do autor, que a explica da seguinte forma: "Não se trata de dizer que não havia, nos Estados Unidos, ricos, como noutros lugares; em verdade, nem mesmo conheço país onde o amor ao dinheiro tenha um lugar maior no coração do homem e onde se professe desprezo tão profundo pela teoria da igualdade permanente dos bens. Mas a fortuna circula ali com uma avidez incrível, e a experiência ensina que é raro ver duas gerações recolherem o seu favor." (DA, livro I, primeira parte, cap. III)

Essa condição de igualdade de condições, de liberdade democrática e, sobretudo, de apreço pela religião, permitiu que fosse criado um ambiente de nivelamento cultural na população americana, que praticamente não apresentava analfabetos e tampouco apresentava eruditos. A instrução primária estava ao alcance de todos e a instrução superior, à época, não se achava ao alcance de quase ninguém.

O nivelamento cultural, econômico e político criaram as condições para o exercício da soberania popular, condição que, segundo Tocqueville, nenhum outro país desfrutava de forma tão intensa. Ele mesmo nos fala sobre isso: "O povo participa da composição das leis, pela escolha dos legisladores, da sua aplicação pela eleição dos agentes do poder executivo; pode-se dizer que ele mesmo governa, tão frágil e restrita é a parte deixada à administração, tanto se ressente esta da sua origem popular e obedece ao poder de que emana. O povo reina sobre o mundo político americano como Deus sobre o universo. É ele a causa e o fim de todas as coisas; tudo sai do seu seio, e tudo se absorve nele". (DA, livro I. primeira parte, cap. IV)

Quanto à divisão política do país, Tocqueville começa falando do poder local nas comunas, depois analisa as províncias e os estados, e por fim fala das atribuições da União. Ele afirma que as instituições comunais são para a liberdade aquilo que as escolas primárias são para a ciência, isto é, a base de tudo. Na comuna as pessoas desenvolvem seu gosto pela liberdade. É lá que exercem diretamente sua soberania democrática. É lá que exercem de maneira mais diretamente o seu poder. Essa condição é, sobretudo, reforçada pelo ideal liberal do povo americano, que considera que o indivíduo é suficientemente esclarecido para decidir por si mesmo em relação a seus interesses particulares. A sociedade só tem o direito de dirigir suas ações quando ele se mostrar incapaz de agir em liberdade ou quando suas ações possam prejudicar a mesma sociedade.

Para viabilizar financeiramente a vida nas comunas, os estados definiam os tipos de tributos. Mas eram as comunas que os arrecadavam e os investiam. Para acentuar a singularidade da situação tributária americana, Tocqueville lembra que na França o governo federal cobra os impostos que depois serão distribuídos às comunas; nos Estados Unidos é a comuna que arrecada os impostos que depois são destinados à União.

Com relação à aplicação da justiça, o autor verifica que o condado, que reúne várias comunas, é a menor unidade judicial. Ele constitui o primeiro judiciário, a primeira instância. Cada condado tem sua corte de justiça, com um xerife para cumprir as decisões judiciais e também com uma prisão para confinar os criminosos. O condado, portanto, tem pouca representação administrativa, mais é um importante ente judiciário.

Quanto à aplicação das leis no âmbito local, chamou a atenção de Tocqueville a figura, até então por ele desconhecida, do juiz de paz. Esse cidadão se ocupa da intermediação entre o indivíduo e o magistrado. Ele é eleito pela população local e apesar de ser mais esclarecido que a maioria, não precisa ter formação jurídica. Essa intermediação facilita a vida das pessoas e impede os excessos autoritários dos magistrados.

Os estados, que estão acima dos condados, desempenham mais um papel de legislador do que um papel administrativo. Nas palavras de Tocqueville, nos Estados Unidos, os estados governam, mas não administram.

O poder legislativo dos estados é formado pelo Senado estadual e pela Câmara de Representantes estaduais. Todos seus representantes são eleitos periodicamente, por sufrágio universal. O poder executivo é exercido pelo governador, que tem sob seu comando a força militar estadual. O governador dificilmente intervém na administração dos condados e das comunas. Apenas o faz quando é chamado pela população.

Ao discorrer sobre o poder judiciário nos Estados Unidos, Tocqueville chama a atenção para o grande poder que concentra a autoridade judicial. Segundo ele, não há ocorrência política para a qual o juiz não é chamado. Há na América uma espécie de império da lei, onde o juiz é o soberano. Dentro da lei tudo é possível, fora da lei nada é possível. Creio que por isso, ainda hoje, os Estados Unidos são vistos pelos estrangeiros como um país intolerante.

Quanto ao governo federal, à época da visita de Tocqueville, era bastante diminuto e atendia apenas as situações que não podiam ser atendidas pelos demais entes federativos. Os governos estaduais cuidavam dos acontecimentos próprios da regra comum. Ao governo federal cabia administrar as exceções.

À União, a Constituição americana deu o poder exclusivo de administrar situações de guerras, firmar tratados internacionais de comércio, administrar a moeda, executar os serviços postais, e implantar os grandes canais de comunicação ao longo do país. Em caso de ameaça à segurança da União, o governo federal poderia intervir nos estados.

O poder legislativo da União seguia os moldes daqueles implantados nos estados, isto é, ele era composto pelo Senado e pela Câmara dos Representantes. No Senado, prevalecia a representação dos estados e, na Câmara, a representação da população. Dessa forma, cada estado elegia dois senadores e o número de deputados obedecia à proporcionalidade populacional. A Câmara de Representantes só possuía funções legislativas; não participava do poder judiciário, a não ser quando envolvia funcionários públicos. O Senado julgava os delitos políticos que a Câmara de Representantes apresentava e era também o grande conselho da nação. Os tratados firmados pelo presidente da República e suas indicações políticas precisavam ser aprovados pelo Senado.

O presidente da República era eleito e tinha mandato de quatro anos, podendo ser reeleito outras vezes. Hoje nos Estados Unidos o presidente tem direito a apenas uma reeleição. A eleição do Presidente da República, já naquela época, era feita por via indireta. Cada estado nomeava um número de delegados, proporcionalmente ao número de eleitores. Esses delegados eram os que decidiam quem que iria governar o país.

A fim de garantir uniformidade nos julgamentos constitucionais, foi instituída nos Estados Unidos a Suprema Corte Federal. Os membros da Suprema Corte não eram eleitos pelo povo nem pela legislatura; cabia ao presidente da República escolhê-los, depois de ter ouvido o Senado. A fim de se tornar independentes dos demais poderes, os membros da Suprema Corte tornaram-se inamovíveis e foi decidido que os seus proventos, uma vez fixados, fugiriam ao controle do legislativo.

A Suprema Corte dos Estados Unidos era encarregada da interpretação das leis, dos tratados e das questões relativas ao comércio marítimo. A sua finalidade era fazer executar as leis da União, e a União só regulava as relações do governo com os governados, e da nação com os estrangeiros; as relações dos cidadãos entre si eram quase todas regidas pela soberania dos estados.

Na segunda parte do livro I, Tocqueville fala da soberania popular, da liberdade de imprensa, do associativismo, do espírito público, do respeito às leis e de vários outros aspectos dos valores cultivados nos Estados Unidos.

Ele começa afirmando que, na América, o povo indica diretamente os seus representantes e os escolhe em geral todos os anos, a fim de tê-los mais completamente na sua dependência. É, pois, realmente o povo que dirige e, embora a forma de governo seja representativa, é evidente que as opiniões, os preconceitos, os interesses e mesmo as paixões do povo não podem encontrar obstáculos duráveis que lhes impeçam de se produzir na direção quotidiana da sociedade.

Outro importante valor cultivado pela sociedade americana é o da liberdade de imprensa. Nos Estados Unidos todo povoado tem o seu jornal, dessa forma cada jornal tem pouco poder, mas a imprensa como um todo tem um poder imenso. Sobre a conveniência do cultivo da liberdade de imprensa num país democrático, Tocqueville afirma: "Num país onde reina ostensivamente o dogma da soberania, do povo, a censura não é apenas um perigo, mas ainda, um grande absurdo. (...) A soberania de um povo e a liberdade da imprensa são, pois, duas coisas inteiramente correlatas. A censura e o voto universal, pelo contrário, são duas coisas que se contradizem e não podem encontrar-se muito tempo nas instituições políticas de um mesmo povo."(DA, livro I, segunda parte, cap. III)

Um dos mais importantes aspectos da sociedade americana é seu gosto pelo associativismo. Essa característica preenche o vazio deixado pelo caráter individualista gerado pelo liberalismo. Sem um governo central forte, a coesão dada pelo caráter associativista garante maior poder de ação dos indivíduos. Uma poderosa ordem judicial, somada à tendência por formar associações para tudo, compõe o tecido que garante a unidade nacional.

Uma característica do povo americano, que de certa forma, deslumbrou Tocqueville, foi o que ele denominou de espírito público, assim definido: "Existe um amor à pátria que tem a sua fonte principal naquele sentimento irrefletido, desinteressado e indefinível que liga o coração do homem aos lugares onde o homem nasceu. Confunde-se esse amor instintivo com o gosto pelos costumes antigos, com o respeito aos mais velhos e a lembrança do passado; aqueles que o experimentam estimam seu país com o amor que se tem à casa paterna. Apreciam a tranquilidade de que ali podem gozar; prendem-se aos hábitos agradáveis que ali contraíram; ligam-se às lembranças que ela apresenta e chegam a achar certa doçura, em viver ali na obediência. Muitas vezes, esse amor à pátria ainda é exaltado pelo zelo religioso e então vemo-lo fazer prodígios.

Ele mesmo é uma espécie de religião; não raciocina nunca; acredita, sente, age." (DA, livro I, segunda parte, cap. VI)

Esse espírito público do povo americano o leva a participar mais ativamente dos afazeres públicos. Muitas tarefas são vistas nos Estados Unidos como sendo de interesse comunitário, das pessoas que vivem no local onde os problemas aparecem. Não cabe ao Estado resolver esses problemas, cabe à população. De certo modo, já existia nos Estados Unidos, no tempo de Tocqueville, a forma de gestão que mais tarde seria denominada de Gestão Pública não Governamental, ou terceiro setor.

A democracia facilita o desenvolvimento da noção de direito individual e coletivo nos Estados Unidos. Sobre isso, Tocqueville afirmou: "O governo da democracia faz com que a ideia de direitos políticos desça até o menor dos cidadãos, com a divisão dos bens põe a ideia de direito de propriedade em geral ao alcance de todos os homens. Na minha opinião, é esse um dos seus maiores méritos. Não quero dizer, com isso, que seja fácil ensinar a todos os homens a servir-se dos direitos políticos; digo apenas que, quando tal se pode dar, os efeitos daí resultantes são grandes. E acrescento que, se existe um século no qual deve ser tentada tal empresa, esse século é o nosso." (DA, livro I, segunda parte, cap. VI)

Mas para que os direitos sejam observados, é necessário que todos desenvolvam a cultura de respeito às leis. Nos Estados Unidos, essa percepção chegou aos extremos. Conforme já dissemos, há naquele país uma espécie de império das leis. O sistema cultiva a liberdade, mas o império da lei limita o seu exercício. Segundo Tocqueville, nos Estados Unidos, cada um respeita a lei porque tem interesse em que todos a respeitem. Hoje os que são beneficiados pela lei, amanhã podem estar do outro lado. A alternância de poder no sistema democrático impõe a todos o direito e a responsabilidade de governar, mas também protege aqueles que são governados.

O amor à riqueza, ao contrário do que ocorre em vários outros países, não é estigmatizado nos Estados Unidos. Ao contrário, desde que não fira a ordem pública, ele é estimulado e mesmo honrado. A valorização do espírito empreendedor, a propensão ao risco, leva os americanos a elogiar, tanto aqueles que obtiveram sucesso em seus negócios, como aqueles que fracassaram, uma vez que a atividade empresarial pressupõe as duas coisas. Alguém que, ao longo de sua trajetória profissional, passou por altos e baixos é ainda mais bem visto do que aqueles que obtiveram sucesso imediato.

Junto com o amor à riqueza, o americano cultiva o amor à liberdade de iniciativa. Quanto menos o poder público se intrometer na atividade privada, melhor. O americano considera que a tarefa do poder público é garantir as condições para o desenvolvimento dos negócios privados. Por isso, ao contrário do que ocorre na Europa, a ideia de conseguir um emprego público não é uma das principais ambições do jovem americano.

O caso dos Estados Unidos parece singular a Tocqueville. Lá foi possível iniciar a democracia em um ambiente igualitário. Não foi necessário derrubar um sistema aristocrático de desigualdade para implantar a democracia. Se assim fosse, seria natural que houvesse, num primeiro momento, uma concentração de poder nas mãos do Estado para evitar que a transição entre um sistema desigual e um sistema igualitário viesse a derivar para a anarquia. O trecho em que o autor resume esse pensamento é o seguinte: "Os homens que vivem nos Estados Unidos jamais foram separados por qualquer privilégio; jamais conheceram a relação recíproca de inferior e senhor e, como não temem nem se odeiam uns aos outros, jamais tiveram necessidade de invocar o soberano para dirigir as menores coisas dos seus afazeres. O destino dos americanos é singular: tomaram à aristocracia da Inglaterra a ideia dos direitos individuais e o gosto às liberdades locais; puderam conservar ambos, porque não tiveram de combater a aristocracia".

As características que vimos nas observações de Tocqueville sobre a sociedade americana, sobretudo no nordeste daquele país, possibilitaram que o sistema capitalista lá tivesse um enorme campo fértil para seu desenvolvimento. Os Estados Unidos foram o grande campo de expansão do sistema iniciado na Inglaterra, nação de território restrito e de difícil ascensão social.

O perfeito casamento entre o capitalismo e os Estados Unidos é analisado no livro *Capitalismo na América – Uma História*[13] de Alan Greenspan e Adrian Wooldridge. Além

---

13 *Capitalismo na América – Uma história:* Alan Greenspan e Adrian Wooldrigdge, Editora Record

de concordar com toda a análise de Tocqueville, os autores falam do desenvolvimento e da maturação do capitalismo americano. Segundo eles, os campos político, legal e social já estavam preparados para que os Estados Unidos fosse o país que mais se beneficiasse da segunda Revolução Industrial.

As transformações geradas nesse período, baseadas na geração de novos insumos (aço e petróleo) e novas tecnologias (automóvel e eletricidade) somadas ao novo meio de comunicação (telefone), levaram a economia americana, no período de 1865 a 1914 (início da primeira Guerra Mundial), ao patamar de desenvolvimento das principais nações europeias.

Vejamos agora um pouco sobre a segunda Revolução Industrial.

Segunda Revolução Industrial

Como já vimos, a consolidação da produção industrial e a invenção de novas tecnologias, como a energia elétrica, a fabricação do aço e o refino do petróleo, permitiram que o sistema produtivo industrial, na segunda metade do século XIX, desse um salto qualitativo. Inicia-se então, o que maioria dos historiadores chama de Segunda Revolução Industrial.

A energia elétrica mudou a qualidade de vida nas cidades. A iluminação pública e o transporte urbano passaram a ser alimentados por eletricidade. A fabricação de navios de aço e a expansão das estradas de ferro baratearam muito o comércio internacional. A produção em massa de bens de consumo domésticos como geladeira, fogão elétrico, produtos de limpeza e comida industrializada, tornou os produtos industrializados acessíveis ao consumidor comum. Isso gerou uma grande expansão do processo industrial. Iniciava-se a fase da sociedade industrial e das grandes mudanças culturais da população. A vida familiar e laboral muda completamente. As mulheres foram incorporadas no mercado de trabalho e os lares precisaram se adaptar a isso, utilizando diversos equipamentos modernos para suprir a presença feminina no dia a dia familiar.

A segunda Revolução Industrial impulsionou à condição de potências industriais países como Alemanha e Estados Unidos, que atingiram o nível de desenvolvimento experimentado pela Inglaterra e França anteriormente. O primeiro foi local de grandes descobertas tecnológicas no campo da mecânica e da química, e o segundo soube aproveitar as principais invenções da época para desenvolver indústrias fabricantes de produtos acessíveis à população.

O maior produto da segunda Revolução Industrial foi o automóvel. Um bem valioso que se tornou acessível para a população de classe média. Isso foi possível, graças ao desenvolvimento do motor a combustão interna por Gottlieb Daimler, na Alemanha e, como veremos mais adiante, no capítulo sobre a administração científica, graças também à introdução das ideias de Taylor e de Ford no processo produtivo industrial.

O automóvel tornava-se o sonho de consumo de todo trabalhador europeu e americano. Durante a primeira metade do século XX, a indústria automobilística já era o setor industrial mais promissor. Surgiam gigantes como a Ford Motors, a General Motors nos Estados Unidos e várias outras montadoras na Europa.

Principais teorias da administração

O salto qualitativo experimentado pela industrialização, no início da segunda Revolução Industrial, exigiu que os proprietários passassem a administrar suas empresas de forma mais organizada. Foi então que surgiram os primeiros administradores de empresas, que se encarregavam de implantar um processo administrativo produtivo com características científicas e profissionais.

O primeiro grande estudioso da administração científica foi o francês, nascido na Turquia, Jules Henri Fayol (1841-1925). Esse engenheiro é considerado o fundador da Escola Clássica de Administração. Ele assumiu a gestão de uma grande empresa mineradora francesa, que estava à beira da falência. Após um longo trabalho na empresa, ele a recuperou e a transformou num exitoso modelo empresarial. Após se aposentar, Fayol começou a escrever os métodos que adotou para recuperar a empresa e os estendeu para toda a atividade industrial. Seu livro *Administração Industrial Geral*[14] foi publicado em 1916 na França e, em 1930, na Inglaterra e nos Estados Unidos.

---

14 *Administração industrial geral:* Henri Fayol. Editora Atlas.

Para Fayol, toda administração deve começar seguindo uma cadeia de funções que são: Planejar, Organizar, Comandar, Coordenar e Controlar (POCCC ou POC³). Esses são os sentidos que ele deu a esses verbos: Planejar (definir o destino a que se quer chegar e o caminho a percorrer), Organizar (criar os mecanismos para gerenciar o processo), Comandar (dirigir o processo), Coordenar (fazer com que todos se engajem no processo) e Controlar (verificar se todos estão seguindo corretamente o processo).

Para desempenhar bem essas funções, ele elencou 14 princípios necessários.

1. *Divisão do trabalho*: dividir o processo produtivo em etapas e especializar os trabalhadores em cada uma das etapas;
2. *Autoridade e responsabilidade*: poder de dar as ordens e ser obedecido e responsabilidade pelas ordens dadas;
3. *Unidade de comando*: cada trabalhador só deve receber ordens de um só superior;
4. *Unidade de direção*: todos na empresa devem ter os mesmos objetivos;
5. *Disciplina*: regras que todos devem seguir;
6. *Subordinação*: prevalência dos interesses gerais da organização sobre os individuais;
7. *Remuneração*: justa, para que todos trabalhem com entusiasmo;
8. *Centralização*: um único núcleo de comando;

9. *Hierarquia*: respeito total à cadeia de comando;
10. *Ordem*: cada coisa no seu lugar;
11. *Equidade*: a mesma regra vale para todos;
12. *Estabilidade*: evitar a rotatividade dos funcionários;
13. *Iniciativa*: valorizar a iniciativa dos funcionários para a solução de problemas;
14. *Espírito de equipe*: todos estão no mesmo time.

Contemporâneo de Fayol, surgiu nos Estados Unidos o criador do Sistema de Tempos e Métodos, o engenheiro Frederick Taylor (1856-1915). Ele escreveu o famoso livro *Princípios da Administração Científica*[15], publicado em 1911. Nesse livro, ele expõe sua teoria gerencial.

Para Taylor, todo trabalho deve ser estudado metodicamente e dividido em operações que podem ser medidas e controladas. Então, depois de treinado, o trabalhador deveria executar cada etapa de seu trabalho dentro de um tempo estabelecido e utilizando um método pré-definido. Esse processo é que recebeu o nome de Tempos e Métodos. Para controlar todo o processo foi estabelecido o papel do controlador, que media e registrava em planilhas todos os resultados.

Taylor sugeriu também que todos os operários deveriam contar com uma remuneração variável proporcional

---

15 *Princípios da administração científica*: Frederick Taylor. Editora Atlas

ao seu desempenho e ao desempenho da empresa em que trabalha. Assim, eles teriam o incentivo de produzir o máximo que pudessem.

Outro grande nome da Administração Científica foi o empresário americano Henry Ford (1863-1947), fundador da indústria automobilística Ford Motor Company. Ford ficou famoso pela criação da linha de produção. Sistema que invertia o processo de fabricação de automóveis até então conhecido. Antes, os carros eram montados num mesmo local da fábrica. Os operários iam acrescentando as peças até que o carro ficasse pronto. Ford determinou que os funcionários deveriam ficar cada um num local e os carros iriam passando, via uma corrente transportadora, em cada estação de montagem, onde suas peças eram colocadas. Assim, cada operário fazia apenas uma operação e o carro ia sendo montado. A velocidade do deslocamento na linha de montagem condicionava as operações do operário. Esse sistema de produção ficou conhecido como fordismo.

Ford desenvolveu um modelo de automóvel até hoje conhecido, o modelo Ford T. Um carro resistente com preço acessível à maioria da população americana. Foi o primeiro produto automobilístico com apelo popular. Para otimizar a sua produção, só eram fabricados modelos da cor preta. Isso foi explorado por Ford num histórico anúncio publicitário em que ele dizia que o cliente poderia comprar seu modelo T de qualquer cor, desde que fosse preta.

Para a venda do Ford T, Ford implementou uma grande cadeia de revendedores, que eram proprietários da loja concessionária. Isto é, só podiam utilizar a marca Ford. Foi uma espécie de franquia da marca que até hoje é reproduzida por todos os fabricantes de veículos.

Nos parágrafos anteriores vimos as contribuições dos mais famosos criadores da Escola Clássica de Administração. Fayol, Taylor e Ford. Ao longo do tempo, os dois últimos começaram a receber muitas críticas da sociedade. O taylorismo e o fordismo foram taxados de desumanizadores, pois alegadamente, tratavam os trabalhadores como peças de uma engrenagem, uma espécie de robôs. Uma das críticas mais conhecidas foi feita por Charles Chaplin, no filme *Tempos Modernos*, lançado em 1936.

Devido às críticas, começaram, na época, a surgir novas escolas administrativas que buscavam humanizar a tarefa dos empregados das grandes empresas, abandonando o conceito de homem econômico e adotando o conceito de homem social. A mais famosa delas foi a Escola das Relações Humanas, criadora da Teoria das Relações Humanas. Essa escola administrativa surgiu por volta de 1930.

A Teoria das Relações Humanas foi baseada na experiência executada pelo psicólogo australiano Elton Mayo, numa fábrica de componentes elétricos, em Hawthorne, perto de Chicago. A principal descoberta dessa experiência foi que o trabalhador reage mais a estímulos psicológicos do que a incentivos materiais. O operário não é uma máquina que responde a comandos automáticos. Ele quer fazer parte da equipe e participar nas decisões e resultados da empresa. Assim, foi desenvolvida uma série de sugestões para melhorar a qualidade de trabalho e promover a autoestima dos operários e de seus gerentes.

Também nessa época despontou, na indústria automobilística americana, a figura de Alfred Pritchard Sloan Jr. (1875-1966), engenheiro americano que, durante muitos anos, comandou a General Motors. Seus métodos administrativos revolucionaram a famosa marca, levando-a de uma participação no mercado americano de 12% em 1921 para 48%, em 1940.

Sloan introduziu o conceito de centro de custos e de produção. Cada um desses centros funcionava como uma empresa e respondia pelos seus resultados. Assim uma enorme empresa era dividida em empresas menores com mais facilidade de gerenciamento. O planejamento central cuidava da pesquisa e desenvolvimento de produtos, da engenharia de produção e do marketing, e os centros de produção cuidavam do processo produtivo. O controle central não interferia na autonomia das unidades produtivas.

Na segunda metade do século XX, em meio à chamada terceira Revolução Industrial, que veremos mais adiante, surgiu o modelo de administração produtiva, conhecido como Toyotismo. O nome vem da marca da montadora japonesa de automóveis Toyota.

O Sistema Toyota de Produção foi implantado no Japão logo após o término da segunda Guerra Mundial. Na época, o país estava arrasado e havia a necessidade imperiosa de reduzir o custo e melhorar a qualidade de produção de sua indústria. O mercado interno era restrito e a única alternativa para recuperar a economia do país era contar com o mercado externo, oferecendo produtos bons e baratos.

Os principais teóricos do modelo produtivo, conhecido também como produção enxuta, foram os engenheiros japoneses Taiichi Ohno (1912-1990), Shingeo Shingo (1909-1990) e Eiji Toyoda (1913-2013). Eles perceberam que a indústria automobilística americana contava com grandes estoques de peças e de insumos e que os gerentes procuravam produzir o máximo que pudessem sem focar na qualidade e no custo de produção.

Para reduzir o custo de produção, os japoneses pensaram em integrar a cadeia produtiva, desde o fornecedor de matéria prima até o revendedor dos automóveis. Assim, não haveria necessidade de grandes estoques. Eles criaram o método just-in-time, mediante o qual cada elo da cadeia do processo produtivo era informado do ritmo de produção dos demais.

Por outro lado, como a qualidade dos produtos finais depende da qualidade de suas partes, foi instalado um processo de qualidade total, pelo qual todos os trabalhadores eram responsáveis pela qualidade de sua produção. Esse processo foi chamado de CQT ou Controle de Qualidade Total.

A integração da cadeia produtiva e o sistema de qualidade total permitiam também atender com rapidez as mudanças de preferência do mercado. Qualquer nova tendência poderia ser rapidamente respondida, uma vez que o sistema era altamente flexível.

O modelo implantado na Toyota revolucionou o sistema produtivo mundial e foi o responsável por transformar essa montadora numa das maiores do mundo e de maneira indireta levar o Japão, derrotado na Guerra, a se tornar um dos países mais desenvolvidos, algumas décadas depois.

Embora tenhamos avançado um pouco no tempo ao tratarmos das principais teorias da administração, isso foi útil para entendermos melhor a evolução do capitalismo no século XX e XXI. Se, por um lado, a política e a economia condicionam a administração de empresas, por outro, esta também serve de inovação para influenciar os dois ambientes.

Vejamos um pouco do século que foi considerado, pelo historiador Eric Hobsbawm[16], como *A Era dos Extremos*, e sua continuação, no século atual.

---

16 *A era dos extremos – O breve século XX*: Eric Hobsbawm – Editora Companhia das Letras